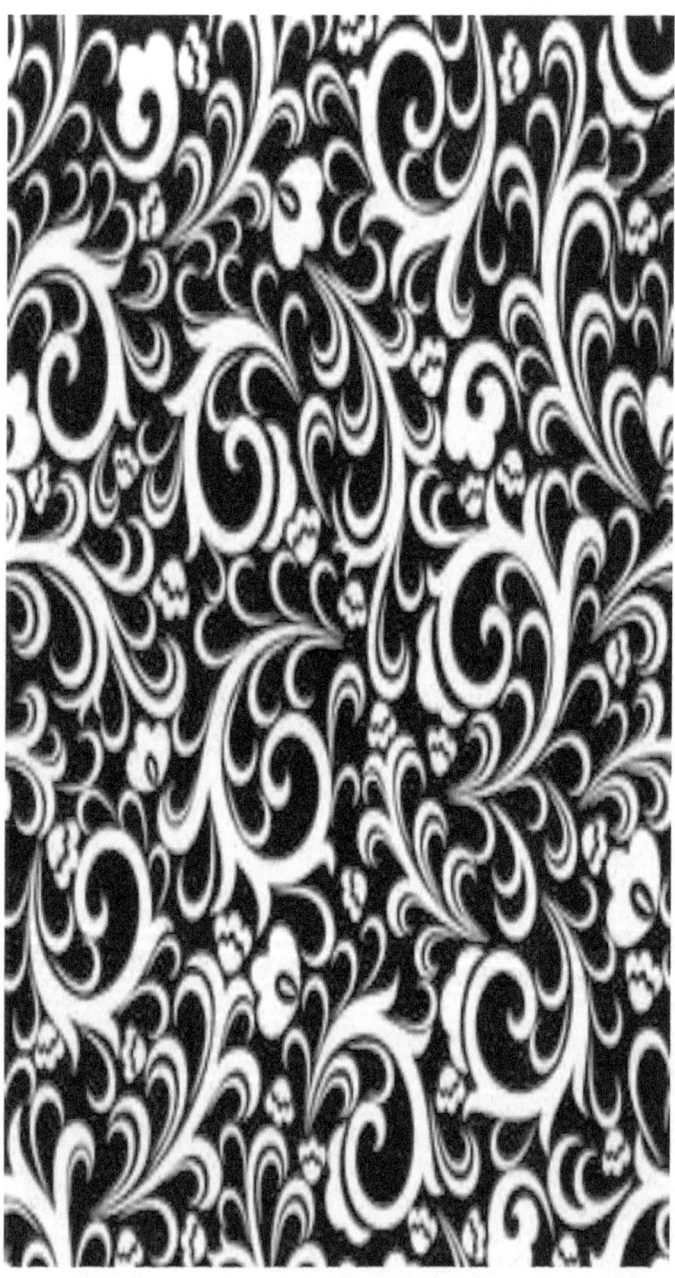

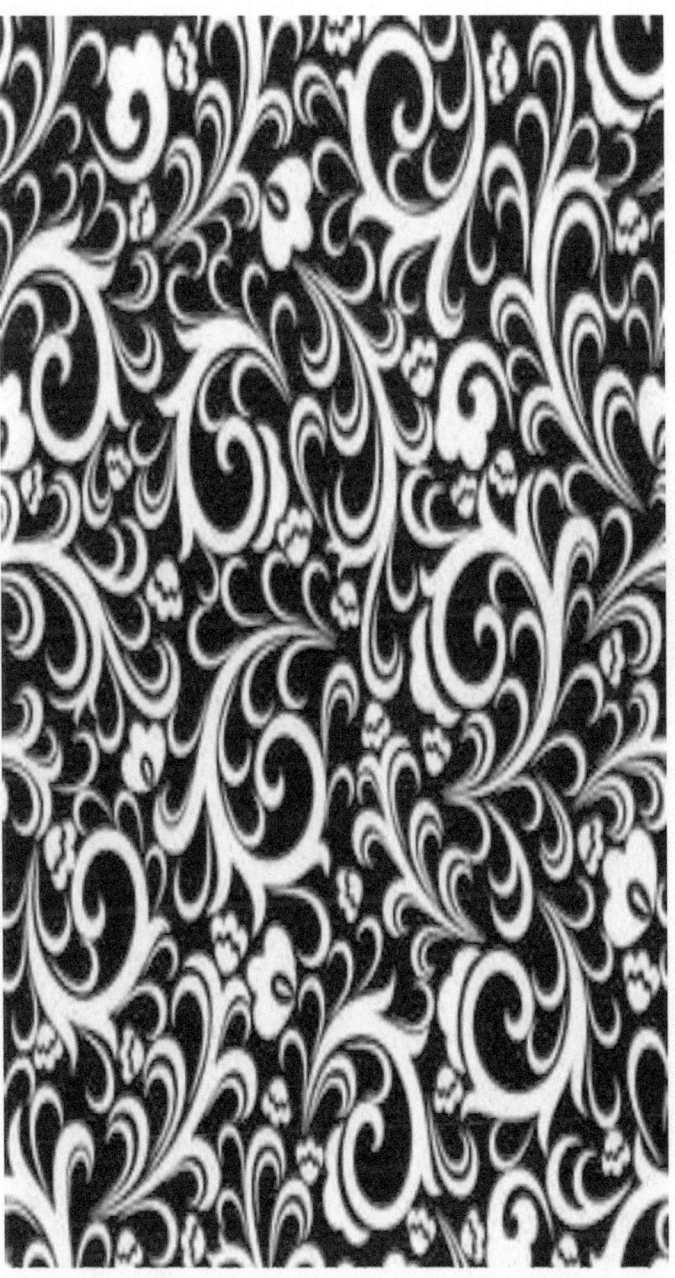

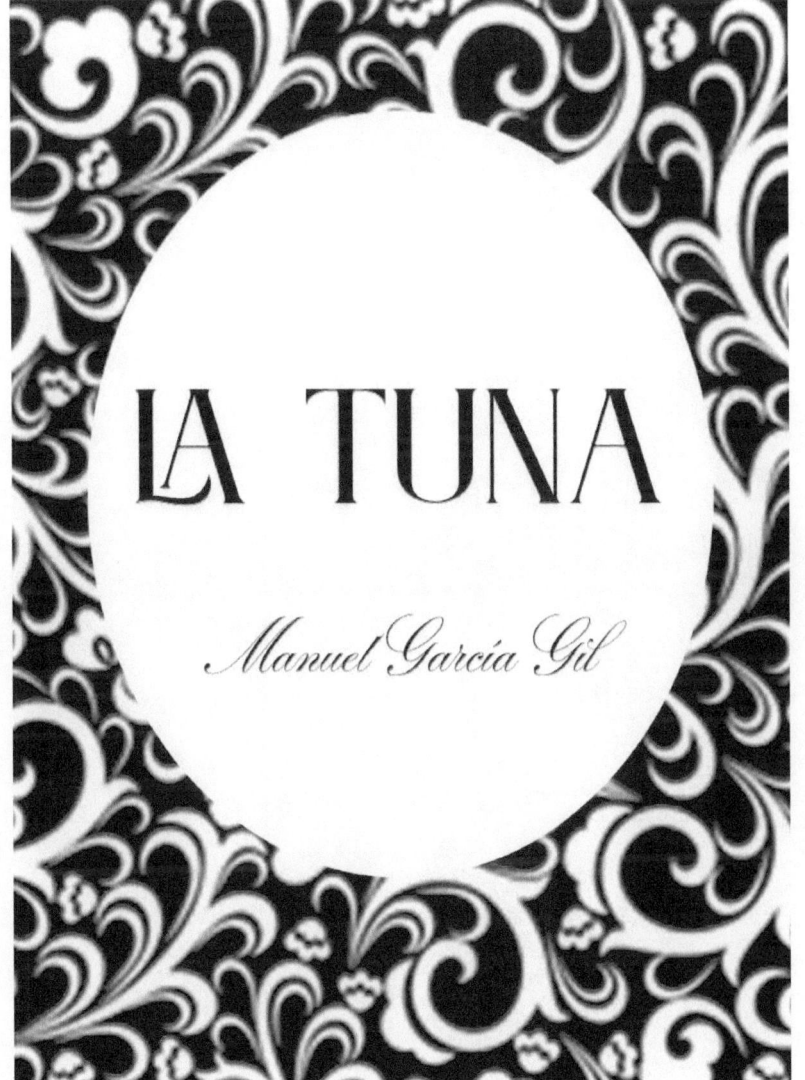

LA TUNA

Manuel García Gil

Copyright © 2012 Manuel García Gil

No se permite cualquier forma de reproducción total o parcial de este libro, ni su almacenamiento en un sistema informático, ni su transmisión por cualquier procedimiento o medio sin permiso previo y por escrito de su autor. Cualquier comunicación, reproducción, distribución, comunicación pública o transformación de esta obra sólo puede ser realizada con la autorización de su titular. Este documento se ha realizado sin uso de Inteligencia Artificial Generativa.

ISBN: 9798396447950
Sello: Independently published

Diseñador de Portadas: Manuel García Gil

Editado por: ARTIS MUNDI

Primera Edición: Primavera 2023.

Impreso en España - Printed in Spain

DEDICATORIA

A las Tunas del mundo que con su música nos alegran la vida.

A los que se fueron pero están en donde la música nunca se termina y la felicidad es eterna.

A los Caballeros de la Muy Gloriosa Tuna de Valencia con la que he disfrutado y aprendido siempre, con mi gratitud.

A mi hijo Germán que me honra y satisface dándome siempre orgullo honor y Gloria.

A Mariola, mi esposa, que me inspira y ayuda en todo momento.

ÍNDICE

PRÓLOGO 13

EPÍLOGO DE LA TUNA 15

EL TUNO 21

SAN PARCHE 23

PASACALLES 24

DESFILANDO 25

CON LA LEY Y LA ALEGRÍA 26

RONDA 27

MADRID 28

ES BONITO VIVIR 29

DEL SABER 30

CUANDO EL TUNO SE ENAMORA. 31

EL LAMENTO 32

EL RECUERDO NO TE OLVIDA 33

NUESTRO ANDAR ES EL CAMINO.........................34

DEL CERTAMEN NACIONAL 35

EL CERTAMEN 37

BAJO LA LUNA 39

AL "CALORET" 40

LA GUITARRA DELNOVATO 41

CANTO GLORIOSO 45

DE LA VERDAD DE LA VIDA. 47

LA PANDERETA 49

TUNOS HISPANOS 50

VEN A LA TUNA.. 51

LEY Y ALEGRÍA 53

LLORANDO 55

EL PÁJARO 56

LLEGA A SER CABALLERO 57

LA DECLARACIÓN 59

EL DESPECHADO 60

HISTORA DE LA TUNA 61

SAL AL BALCÓN 71

EL PLACER DE UNA SONRISA	73
EL TUNO	75
EL BAUTIZO	77
SIN MENDIGAR	78
CABALLERO ERRANTE	79

PRÓLOGO

Es todo el mundo mi patria

es el amor mi canción

llevo la ley en la manga

y alegre mi corazón

En esta vida sin duda

todo lo guía la suerte

dos cosas tengo seguras

los impuestos y la muerte.

Vivo de día y de noche

por los azares del sino

me bendice el santo Parche

con la tuna hago camino

Es todo el mundo mi patria

es el amor mi canción

llevo la ley en el alma

derecho en el corazón

Germán García Lillo

EPÍLOGO DE LA TUNA

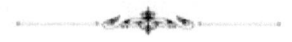

La Tuna es uno de los cimientos de las universidades españolas pues, bajo su amparo, crecen y se desarrollan los jóvenes estudiantes que consiguen pasar los amargos tragos del estudio con las coplas musicales que alegran los días y las noche y que, de manera única, representa la música popular.

Estos mismos jovénes universitarios que conforman las Tunas son los mismos que, acabados sus estudios, actúan en la sociedad en multiples areas necesarias e imprescindibles como Educación, Sanidad, Derecho, Arquitectura y otras disciplinas técnicas o humanísticas, siendo ireemplazables. Los tunos, por tanto, son hijos óptimos del "alma mater" de las universidades del mundo, un derecho legítimo que nada ni nadie les puede arrebatar.

Damos por válidas las afirmaciones que en la definición de Tuna dan las instituciones y citamos textualmente para no cometer errores de interpretación:

Para considerarse "tuna", además del carácter musical y estudiantil de la agrupación que el Diccionario de la

Real Academia Española refiere, es imprescindible que ésta sea de tipo iniciático, característica diferencial con cualquier otro "grupo musical de estudiantes".

Para afinar más la Asamblea General Extraordinaria de 27 de febrero de 2016, por unanimidad de sus socios, definió Tuna como:

"agrupación musical iniciática permanente de estudiantes de vida alegre y bohemia, vinculada a un centro académico, cuya musicalidad pivota en los instrumentos de plectro y su vestimenta, habitualmente rematada con capa, los identifica plenamente"

Son los tunos Caballeros de Honor que ofrecen la música a la gente, de manera desinteresada, colaborando con un sinfín de asociaciones y entidades de toda índole, van con sus actuaciones allá donde se les requiriere, sin distincion de rangos sociales.

La Tuna se ama para siempre porque los buenos principios de la amistad y del compañerismo se graban a fuego en el alma del caballero tuno y por más gloria y éxito que se obtenga en los haceres del mundo ninguno es comparable al de ser Caballero becado por la Tuna y pertenecer a ella en vida y más allá de ella.

No hay crédito más sufrido ni merecido que portar tu beca cruzando el pecho y defender tal honor contra los detractores que exponen sus malestares a la Tuna con pensamientos e ideas negativas.

La Tuna es un hecho histórico que pervive y constantemente se renueva, la Tuna es un ejemplo de unir culturas y pueblos en busqueda de la felicidad común mediante la manifestación del canto, el baile y la música que tan necesarios son para sentir el gozo y la alegría de la vida.

Es la Tuna una filosofía, una manera de ser y sentir, que a todos enriquece por ser de causa noble y, por su naturaleza, participativa. La Tuna es custodia de tradiciones universitarias que han de persistir en actos sociales de la cultura y la solidaridad en cualquier parte del mundo.

La Tuna es misionera de la cultura que transciende y, vaya por donde vaya, deja grato e inolvidable recuerdo.

La Tuna va y está pero nunca pasa, porque lo que

pasa no permanence, y la Tuna te acompaña en los momentos de la vida que son inolvidables y permanence a través del tiempo, inmutable, haciendo con su música compañía para que cantes y bailes y busques la felicidad.

LA TUNA

Manuel García Gil

Poemas

EL TUNO

El tuno hace mantenencia
con decoro y con decencia
si hubiera que hacer ayuno
siempre, el primero, es un tuno.

Todo tuno acude al templo
para darnos buen ejemplo
y canta a la Virgen Santa
al tuno cantar le encanta.

Le gusta pensar las cosas
a una dama ofrecer rosas
andar la vida derecho
bordado escudo en el pecho.

Un Tuno es un caminante

que camina hacia adelante

un Tuno es un trovador

siempre un Tuno es un señor.

SAN PARCHE

Le pedimos a San Parche
que no nos falte la suerte
que no nos falte de nada
hasta el día de la muerte.

Aléjanos del peligro
danos bienaventuranza
para el frío buen cobijo
comida para la panza.

Buena música, alegría
a San Parche le pedimos
que volvamos sanos, salvos
los que de viaje partimos.

PASACALLES

La ciudad está de fiesta
con música y pasacalles
todas las tunas de España
desfilando por sus calles.

Cantando los clavelitos
los tunos desgañitados
de las mujeres presentes
los tunos enamorados.

DESFILANDO

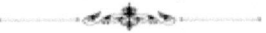

La Tuna en el desfile
un pasacalles triunfante
vestidos de negro cuervo
negra la tuna, elegante.

Son los tunos puntuales
con ritmo llevan el paso
porque a la tuna le gusta
ser puntual, sin retraso.

Guitarras y panderetas
variopintos instrumentos
los cantos bien afinados
todos felices, contentos.

CON LA LEY Y LA ALEGRÍA

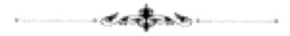

Con la ley y la alegría
la Muy Gloriosa triunfante
marchando de noche y día
la Muy Gloriosa adelante.

Cuando la tuna se vaya
no quedes mujer llorando
que la Tuna vino andando
y se marcha caminando.

RONDA

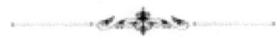

Reecuerda en tus pensamientos
la noche que te rondaron
aquellos dulces momentos
que los tunos te cantaron.

Canciones de cancioneros
que ensalzaban el amor
cantadas por caballeros
de la ley y del honor.

La noche estaba encendida
la luna estaba preciosa
era música la vida
rondaba la muy gloriosa.

MADRID

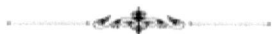

El sol el aire quemando
pájaros surcando el viento
el tiempo fluyendo lento
Madrid por la luz brillando
caminando, sin prisa ando.

Peregrino, caminante,
en una plaza radiante
en una calle perdida
de mil colores y vida
la tuna, en Madrid, brillante.

ES BONITO VIVIR

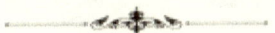

Nada es verdad ni mentira

en este mundo traidor

pero es bonito vivir

enamorando al amor.

Como un regalo divino

el amor nos da alegría

es la alegría salud

de noche como de día.

DEL SABER

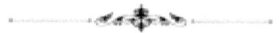

Que en la vida es importante
para un novato saber
que antes de estar en la Tuna
hay que estudiar y aprender.

Aprende, novato, siempre
la Tuna es tu maestría
canta orgulloso en la tuna
a la vida y la alegría

Nuestra Tuna es necesaria
para poder existir
porque sin Tuna no hay nada
no podríamos vivir.

CUANDO EL TUNO SE ENAMORA.

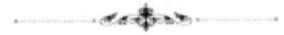

Cuando un tuno se enamora

se pierde con el amor

se vuelve todo candor

y la pasión lo devora

por amar a su señora.

Se terminaron las fiestas

dormir tranquilos las siestas,

solo vivirá un calvario

como tuno solitario

y con la señora a cuestas.

EL LAMENTO

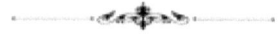

¡Ay! qué solo estoy, qué solo me siento,
cómo aquellos amigos, los extraño,
cómo se pasó el tiempo, año tras año,
cómo se olvidó, vano, el pensamiento,
cómo se volvió polvo el sentimiento.

Cómo se marchitó nuestra memoria,
cómo hicimos humana nuestra historia,
cómo se fueron nuestras ilusiones,
cómo latieron nuestros corazones
cómo morimos para ir a la gloria.

EL RECUERDO NO TE OLVIDA

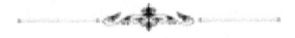

La Tuna con la voz rota
en llanto los sentimientos
callados los instrumentos
silencio, sin una nota,
tu ausencia, nuestra derrota.

El recuerdo no te olvida
no olvidamos tu partida
de luto negro nuestra alma,
la tuya, en eterna calma
la Tuna es siempre la vida.

NUESTRO ANDAR ES EL CAMINO

Nuesto andar es el camino

nuestro origen, la cultura

nuestra amada, la luna

la vida, nuestra aventura.

DEL CERTAMEN NACIONAL

Por las calles la ciudad
pasacalles de las tunas
vestidos con negras capas
como negras aceitunas.

Las banderas ondeando
con la brisa marinera
el cielo con luna clara
parece de primavera.

Perfumada por las flores
la ciudad engalanada
las tunas van desfilando
bajo la noche estrellada.

Escudos de mil ciudades

los recuerdos de aventuras

la ciudad en su certamen

de las tunas nacionales.

EL CERTAMEN

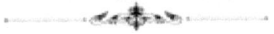

Al próximo certamen
sois invocados
tunas de toda España
sois convocados.

Se cantará a las damas
bellas canciones
Se rondará a las mozas
en los balcones.

Sonarán las guitarras,
las panderetas
y los más bellos versos
de los poetas.

Aquel que no viniera

tendrá lamento

todos sois invitados

al gran evento.

BAJO LA LUNA

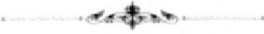

Recuerdos de mi tuna

cómo la añoro

si me pongo a pensar

de pena lloro.

Aquellas noches bellas

de mi amor, Tuna,

cantando todos juntos

bajo la luna

AL "CALORET"

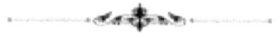

Ya nace la primavera
en la tierra valenciana
al caloret de la fiesta
mascletá de la mañana.

¡Viva el derecho y la Tuna
la que camina de frente
¡Viva la Tuna y la vida!
¡viva Valencia y su gente!

LA GUITARRA DELNOVATO

Tan blanca como la leche
anda entre nubes la luna
perdido un tuno en la noche
y tan solo como la una.

La luna de roja sangre
llorando en el firmamento
llorando el tuno a la luna
porque perdió su instrumento.

Dónde estará mi guitarra
dónde yo la habré perdido
ya no podré ir de parranda
soy un pájaro jodido.

Pasó por allí un novato

que a su casa regresaba

y portando una guitarra

muy linda y recién comprada.

El caballero la vio

y presto llamó al novato

le pidió aquella guitarra

para trasteársela un rato.

El rato se hizo muy largo

el novato lo sabía

perdió su buena guitarra

a la que tanto quería.

Uno encontró una guitarra

otro la dio por perdida

la luna pasó de noche

igual que pasa la vida.

Nunca dejes tu instrumento
al que la quiera tocar
porque corres el peligro
que te la puedan birlar

La guitarra de la Tuna
ni se deja ni se presta
porque sin una guitarra
se nos terminó la fiesta

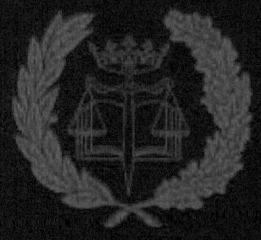

CANTO GLORIOSO

Si canta un glorioso tuno
de la muy gloriosa tuna
muere en el cielo el sol
nacen estrellas y luna.

Y si toca la guitarra
a una dulce mujer
será el amor para siempre
no habrá más grande querer.

Canta y toca Caballero
de la Muy Gloriosa tuna
que en este redondo mundo
muy gloriosa solo hay una.

Y que vaya por delante

la alegría y el derecho

que palpite el corazón

por la tuna en nuestro pecho.

Cuando la vida te lleve

y en otra vida te inscriba

cántale a la santa muerte

¡que viva la tuna...viva!

DE LA VERDAD DE LA VIDA.

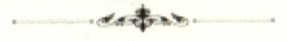

" A la Cuarentuna"

Cuán presto el frágil tiempo nos termina,
cómo a cada momento nos devora,
nos vigila, persigue y examina.

Vitales los momentos son ahora
pausados van fluyendo con las vidas
transcurriendo serenos, hora a hora.

Suenan dichosas dulces melodías
recordándonos la historia pasada
aquellos joviales y bellos días.

Llegados tan pronto a la edad dorada

la tuna consuela la soledad

nuestra tuna que siempre será amada.

Nuestra tuna fue de nuestro querer

más de cuarenta es ya nuestra edad

algo importante tenemos que hacer

buscar, sin tregua, la felicidad.

LA PANDERETA

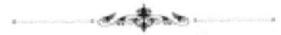

La pandereta enmudece
el infinito universo,
paso a paso baila en verso
la luna menguante crece
muere la noche, amanece.

Entre giros de cultura
movimientos de escultura
si la pandereta danza
ni el sol bailando la alcanza
la pandereta es figura.

TUNOS HISPANOS

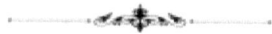

Tunos hispanos
venid y bien vivir
juntos hermanos.

Aquí reunidos
a vuestra tierra España
sed bienvenidos.

Juntos tocamos
las mismas melodías
juntos cantamos.

VEN A LA TUNA

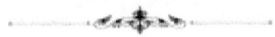

Tú que ya no desesperas por nada
y vives solo por vivir viviendo
asistiendo impasible sin dolor
al fluir del tiempo.

Tú, que solo esperas lo irremediable
a que te lleve el viento de la muerte
para encontrarte con un mundo nuevo,
con el misterio.

Tú, navegante de este mar silente
perdido en el fondo de los recuerdos
en soledad.

Tú, que de siempre la verdad quisiste

para sentirte divino y real

ven a la Tuna.

LEY Y ALEGRÍA

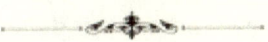

En la Tuna me enseñaron

qué es la ley y la alegría

la ley para ser honrado la

alegría cada día.

Porque si no vas derecho

la ley te pena y castiga

y si vas con la alegría

a estar contento te obliga.

Que no falte la alegría

la ley siempre por delante

la Tuna es siempre dichosa

si camina hacia adelante.

LLORANDO

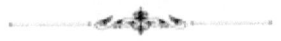

Llorando van tus lágrimas, fluyendo
porque un tuno no te ha correspondido
con el amor te habías comprometido
y aquel amor se fue una noche, huyendo.

Y quedó el alma tan sola, sufriendo
por aquél amor que pudo haber sido
polvo se hizo el amor tan prometido
y tú sin amor, alma, vas muriendo.

El amor el estado es ideal
somos hijos felices de su hacer
solo el amor nos hace ser real.

Amor que vives en el vivo ser
ajeno al mundo de forma virtual
siendo solo el amor del buen querer.

EL PÁJARO

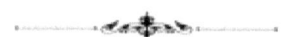

Quisiera ser un pájaro cualquiera
que vuela a posarse en tu blanca mano
para morirme despacio a tu vera
diciéndote pájara mía, te amo.

LLEGA A SER CABALLERO

Con la alegría propia del momento, en pasada noche, siendo testigo la luna en el cielo y en la tierra un número incierto de avezados y aviesos pájaros negros, los que fueron novatos tomaron bautismo de Caballeros de la Muy Gloriosa Tuna de la Facultad de Derecho de Valencia.

Lavadas sus excrecencias corporales y purificadas sus almas de las impurezas de la ignorancia con el agua pura, cristalina y fría de la fontana, lloraron de emoción al ser conscientes de que la sagrada y gloriosa beca roja cruzaría su pecho.

"Ante vosotros, Caballeros de la Muy Gloriosa Tuna, se hace la siguiente exposición, con la presencia del Presidente: comentadas y vividas las experiencias de los novatos y probada su capacidad para afrontar los sacrificio y goces de ser Caballeros de la Tuna, promulgamos válida la propuesta de que los Novatos obtengan, en el día del mes del año presente, su beca, por mérito y derecho propio, y que tomen consideración de Caballero de la Muy Gloriosa Tuna para siempre"

Por el acto y tras superar las pruebas de orden y medida establecidas a lo largo de un largo año, los púbiles abandonaron su estado de novatos tomando a cargo de sus conciencias el ser y representar a la Muy Gloriosa.

<<Nos congratulamos en recibirlos como nuevos hermanos, con la esperanza de que vivan nuestra manera de vivir y sean felices con ello>>

Así como dijo Quevedo:

"Vivan los compañeros y sean admitidos en nuestra amistad; gocen de las preeminencias de antiguo; puedan tener sarna, andar manchados y padecer el hambre que todos".

GLORIA A LOS NUEVOS GLORIOSOS CABALLEROS

LA DECLARACIÓN

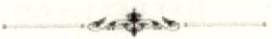

Si tú me quisieras niña

mi corazón te daría

y si me dices que no

ya vivir yo no querría

Padecí como novato

más de una y mil perrería

para rondarte, preciosa,

por ti cualquier cosa haría.

Hoy, Caballero de tuna,

contigo me casaría

porque te quiero de noche

como te quiero de día

EL DESPECHADO

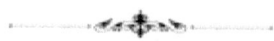

Ahora que estás casada

presumes de ser mujer

yo era novato de tuna

cuando te enseñé a querer.

Y me miras con descaro,

como si fuera un cualquiera,

todo lo que me juraste

se ha vuelto, mujer, quimera.

HISTORA DE LA TUNA

Cuenta la historia de España

allá por tiempor remotos

de sopistas bachilleres,

buscavidas y devotos.

Eran los primeros tunos

pobres sabios estudiantes

que por un plato de sopa

pasaban por mendicantes.

Goliardos en Europa

los tunos del siglo trece

esparcidos por el mundo,

creció la tuna y aún crece.

Vivían de sopa boba,
sopistas eran llamados,
con la música y romances
estaban en todos lados.

Eran universitarios
que de libros no gustaban
preferían ir de feria
en cualquier sarao estaban.

No tenían casa propia
dormían donde podían
donde encontraban cobijo
allí mismo se metían.

Y tener por pertenencias
cuchara y pincho de palo
y dos manos para comer
porque no comer es malo.

En donde había menester
conseguían su sustento
si la cosa estaba mal
acudían al convento.

Allí siempre había algo
aunque fuera agua caliente
no alimenta, sí calienta
lo sabe la pobre gente.

Algún mendrugo de pan
si sonreía la suerte
y si la suerte no estaba
peor era la muerte.

Cuando gritaban las tripas
de hambre en la barriga
cantaban a Dios bendito
y se venían arriba.

Siempre era un buen milagro
cuando probaban el vino
contentos iban cantando
con vino se hace camino.

Y chupábanse los dedos
si rica carne probaban
porque pasaban los meses
ni la olían ni cataban

Y cuéntase de un sopista
que escribía poesía
buen comensal carnívoro
y de las carnes decía.

Las ricas suculencias del buen cerdo,
fritas con blancos ajos, estofadas,
servidas con manzanas bien asadas,
que dejan en el gusto buen recuerdo.

Ternera con verduras de la huerta,

con la lenta paciencia muy cocida,

en salsa con el vino bendecida,

eso si la ternera que este muerta.

Al rico pollo, aroma de limón,

con hierbas aromáticas variadas,

los muslos y las alas bien peladas,

en la salsa de setas champiñón.

Y qué bueno el conejo en escabeche,

el manjar del ministro economía

barato como pobre chirivía

coma conejo y que bien le aproveche.

Y sobre todo tenga muy presente

que vale más hervido de unas hierbas

servido con cariño, sin reservas,

que estofado de buey de amor ausente.

Eran los primeros Tunos
de la Muy Gloriosa Tuna
por el mundo hay muchas tunas
pero gloriosa solo una.

Eran tunos mendicantes
paseando por mercadillos
en busca de la manduca
novatos y pardillos.

Sin títulos de nobleza
se llamaban caballeros
muy ricos en aventuras
en la bolsa, sin dineros.

Astutos como serpientes
y cautos como palomas
sabían sobrevivir
hablando miles de idiomas.

Lucían ropa de pobres
mote propio se ponían
y se cambiaban el nombre
por otro si así querían.

Eran tunos rondadores
de los que dan serenatas
en palacio, a las princesas
en las iglesias, a beatas.

Porque es misión de la Tuna
alabar a la mujer
dar gracias a Dios por ellas
y por siempre defender.

Porque es la mujer divina
portadora de la vida
aquél que no lo comprenda
tiene la mente perdida.

La virgen es de la Tuna
es nuestra divina madre
al igual que sabe un tuno
que solo Dios es su padre.

Dos cosas hay en el mundo
que el buen Dios hizo preciosas
a la divina mujer
y la otra las bellas rosas.

Tocan todos instrumentos
de cuerda o de percusión
de la música de tuna
nadie hace profesión.

La tuna es la manera
de la vida aventurera
porque una tuna no es tuna
si no es tuna viajera.

La tuna camina siempre

el camino es caminar

cantando anda la tuna

la tuna es cantar bailar.

Y ver los amaneceres

cuando se duerme la luna

y a la salida del sol

quitar con algo la hambruna.

La tuna viaja ligera

y con muy poco equipaje

en la tuna lo que importa

es cuando se empieza el viaje.

En la tuna cuando hay hambre

se come cuando hay comida

y si en la tuna hay sed

se beberá si hay bebida.

Cantar se cantará siempre
donde haya gente y lugar
las guitarras y bandurrias
se hicieron para tocar.

Y bailarán panderetas
las buenas voces se oirán
santos cánticos de gloria
al amor se cantarán.

Y cuando no hubiera nada
la tuna marchará andando
por aquel mismo camino
del que vino caminando

SAL AL BALCÓN

" Zuzana zal al balcón y zaca zalerosa la zal del zalero"

Esta noche va a cantarte
la tuna bajo el balcón
cantará bellos romances
de amor y de corazón

Venimos a presentarte
nuestro debido respeto
a cantarte unas canciones
o el repertorio completo.

A ti te queremos ver
en el balcón, peripuesta,
fresca como una lechuga
y con sonrisa dispuesta.

No te preocupes por nada
solo bebida y comida
y que todas tus amigas
nos den buena bienvenida

Será bonita la noche
y llegará la alborada
la Tuna está contigo
y de tí enamorada.

EL PLACER DE UNA SONRISA

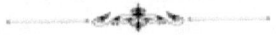

La sonrisa es un valor
que gratis hemos de dar
ha de darse con amor
una sonrisa es amar.

Quien la da no se empobrece
pues surge del corazón
quien la recibe enriquece
con una grata emoción.

En un instante se crea
ella es así, natural,
el recuerdo la recrea
la sonrisa es ideal.

Donde esté hay felicidad
convierte al hombre en pacífico
fortalece la amistad
sonreir es siempre magnífico.

Descanso del fatigado
fin de preocupaciones
luz para el decepcionado
aliento de corazones.

Elimina la tristeza
hace olvidar los pesares
dota al alma de entereza
con ella no hay malestares.

Mas no puede ser comprada
de valor incalculable
no puede ella ser robada
es siempre infalsificable.

EL TUNO

El tuno hace mantenencia
con decoro y con decencia.
si hubiera que hacer ayuno
siempre el primero es un tuno.

Todo tuno acude al templo
para darnos buen ejemplo
y canta a la Virgen Santa
al tuno cantar le encanta.

Le gusta pensar las cosas
a una dama ofrece rosas
andar la vida derecho
luciendo escudo en el pecho

Un tuno es un caminante

que camina hacia adelante

sea rico o sin dinero

el tuno es un caballero

EL BAUTIZO

De nuestra gallarda ciencia
aprovéchate estudiante haz
de la Tuna tu vida
La Tuna no es ser tunante.

Entra a servir de pardillo en
servicio de escudero
comerás de lo que pilles
e irás falto de dinero.

Pero llegará un mañana
que dirás sí, yo sí quiero de
esta Tuna que me acoge y
me nombra compañero.

SIN MENDIGAR

En cada noche de ronda
dice, lo dijo el profeta,
si se canta clavelitos
hay que pasar pandereta.

No se pide una lismona
se suplica un donativo
para mantener la tuna
y que el tuno siga vivo.

Sin rubor y sin vergüenza
que vivir cuesta dinero
la Tuna nunca mendiga
ni un tuno es un pordiosero.

CABALLERO ERRANTE

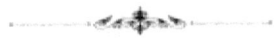

Tú, caballero errante
de mil caminos
que hicieron los juglares
y peregrinos.

Caminos de aventuras
que tú has seguido
que hiciste con la Tuna
que tú has vivido.

Errando por la tierra
pasó tu vida
la tuna son recuerdos
a tu alma unida.

Con mi gratitud a las Tunas que me han dado muchos momentos de alegría y mucho, con ellas, he aprendido.

Gracias por llevar el arte de la música y la literartura por las calles del mundo, gracias por formar cultura, que siempre beneficia la paz y la buena convivencia, hacienda feliz a la gente que es la mision más importante que podemos hacer en esta vida.

Larga vida a la Tuna. Viva siempre la Tuna. ¡Viva y viva!

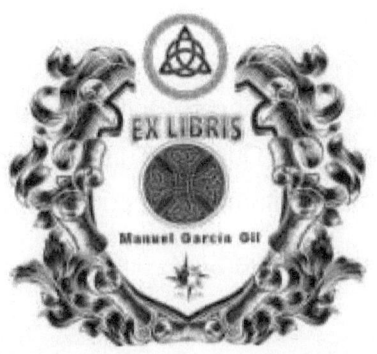

Con la adquisición del presente documento colabora con Artis Mundi ONG para ayuda humanitaria .

La totalidad de los beneficios obtenidos de la venta del poemario "La Tuna": serán destinados íntegramente a las Misioneras Carmelitas.

Para apoyar la invaluable labor humanitaria y social que las Misioneras Carmelitas realizan en diversas partes del mundo. Su dedicación a los más necesitados, a través de proyectos educativos, sanitarios y de asistencia social, son prueba del espíritu de generosidad y servicio que las Misioneras representan.

Cada ejemplar de "La Tuna" que adquieras no solo te brindará un viaje poético, sino que también se convertirá en un **acto de solidaridad**. Tu apoyo contribuirá directamente a mejorar las vidas de comunidades vulnerables, llevando esperanza y recursos a quienes más los necesitan.

Agradecemos de antemano tu generosidad y tu apoyo a esta hermosa causa. Que "La Tuna" y la labor de las Misioneras Carmelitas iluminen tu corazón.

Salud y libertad Paz y Bien.

Manuel García Gil

CMS Carmelo Misionero Seglar

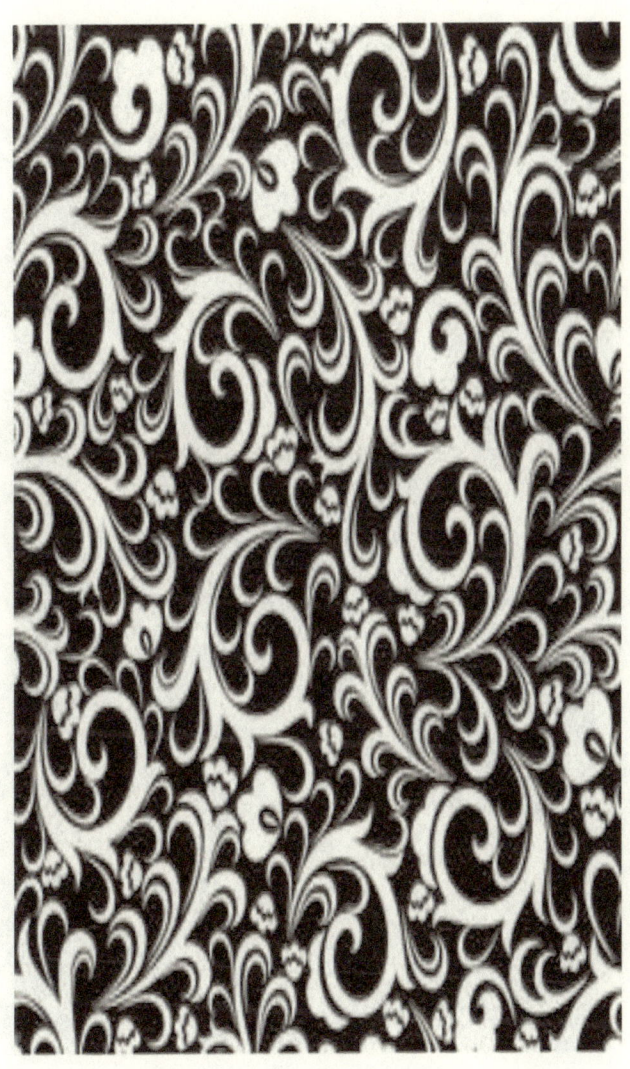

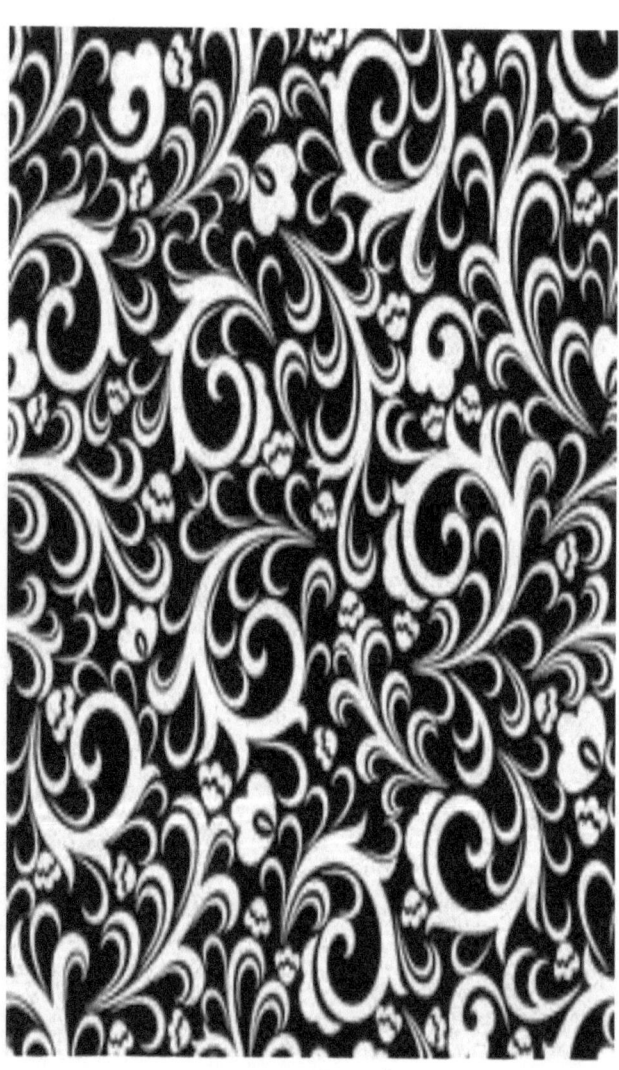

www.ingramcontent.com/pod-product-compliance
Lightning Source LLC
Chambersburg PA
CBHW020454220526
45464CB00002B/979